Quiz # 120374
0.5

Published by Creative Education
P.O. Box 227
Mankato, Minnesota 56002
Creative Education is an imprint of The Creative Company

Design by Stephanie Blumenthal; Production by Heidi Thompson

Photographs by Art Resource, NY (Bildarchiv Preussischer Kulturbesitz), Bridgeman Art Library
(Phryne at the Festival of Poseidon in Eleusin (oil on canvas),
Siemieradzki, Henryk (1843-1902) / State Russian Museum, St. Petersburg, Russia),
Corbis (Bettmann), Getty Images (After Johann Bernhard Fischer von Erlach,
Altrendo Travel, DEA/G.DAGLI ORTI,
Glenn Beanland; Ira Block; Paris Bordone, De Agostini; Jerry Driendl;
Robert Evans; Grant Faint; Robert Frerck; Martin Gray;
Ferdinand Knab; Lester Lefkowitz; Claude Lorrain; Andy Zito)

Library of Congress Cataloging-in-Publication Data

Bodden, Valerie.
Temples / by Valerie Bodden.
p. cm. — (Built to last)
Includes index.
ISBN 978-1-58341-560-3
1. Temples—Greece—Juvenile literature. I. Title. II. Series.

NA275.B63 2008
726'.10938—dc22   2006101005

First edition
2 4 6 8 9 7 5 3 1

TEMPLES | VALERIE BODDEN

CREATIVE 🍎 EDUCATION

Long ago, in a country called Greece, people worked hard. They hauled heavy rocks. They made giant statues. They painted. They were making temples for their gods.

Greece had many fancy buildings

TEMPLES IN GREECE ARE VERY OLD. THE OLDEST TEMPLES WERE BUILT ALMOST 3,000 YEARS AGO.

Temples were like churches

SOMETIMES THE GREEKS BUILT TEMPLES TO THANK THEIR GODS FOR SOMETHING. THEY MIGHT THANK THE GODS FOR WINNING A WAR.

The people of Greece were called Greeks. The Greeks had many gods. They thought the gods ruled the world. The temples they built were houses for their gods. They were built to keep statues of the gods safe from the rain and the sun.

At first, temples were built of wood and dried mud. Later, most temples were made of rock. Rock is a lot stronger than wood and mud.

Rock buildings last a long time

People from all over Greece worked on the temples. First, they cut huge pieces of rock out of the mountains. They put the rocks on wagons. Big animals called oxen pulled the wagons to where the temple was being built. The trip could take two days!

The Greeks had lots of festivals

THE GREEKS HAD FESTIVALS AROUND MANY TEMPLES. THE FESTIVALS WERE LIKE BIG PARTIES FOR THE GODS.

At the temple, workers cut the rocks so they would fit together. Then they lifted the rocks into place. They made tall columns (*KOL-umz*) on the outside of the temple.

This temple has lots of columns

Some temples had columns only in the front. Others had columns in the front and back. Most temples had columns all the way around. On many temples, artists carved things on the top part of the columns.

MOST TEMPLES HAD STATUES
ALONG THE SIDES. THE
STATUES WERE ON HIGH
PARTS OF THE TEMPLE.

These statues hold up the roof

Once a temple was done, people could visit it. They could go inside. Lots of people could fit inside a big temple.

Some temple statues were huge

Inside, a temple had a long, dark room. There were no windows in the room. At the end of the room was a large statue of a god. Some temples had another room, too. Gifts for the god were kept in this room.

SOME GREEK TEMPLES WERE
ROUND. A ROUND TEMPLE
WAS CALLED A THOLOS
(*THO-loss*).

_____

Round temples were usually small

Today, people can still visit some Greek temples. But most of them are in ruins. Many of the columns of the temples fell down a long time ago. Most of the statues of the gods are gone. But people can still imagine what the temples looked like when they were new!

This building looks like a temple

MANY BUILDINGS TODAY LOOK LIKE GREEK TEMPLES. THE LINCOLN MEMORIAL IN WASHINGTON, D.C., HAS COLUMNS AROUND IT.

マメアブラムシとオオズアリ（左上）

キノカワハゴロモとリュウキュウアメイロアリ（右上）

アリスアブとトビイロケアリ（左下）

ゴマシジミとシワクシケアリ（右下）

アリとくらすむし

写真・文　島田たく

あつい　ひの、
くさむら。

はっぱの　うらを、
のぞいてみると……

アリが　いた。

なにかと
いっしょに
いるみたい。

アブラムシだ。

アブラムシは、おしりから　あまい　しるを　だす。
アリは、アブラムシの　あまい　しるが　だいすき！

クチナガオオアブラムシと
アミメアリ

イスノフシアブラムシと
アシジロヒラフシアリ

たくさんの　しゅるいの　アブラムシから、
あまい　しるを　もらっている。

エンドウヒゲナガアブラムシと
クロオオアリ

おや、
あれは？

テントウムシだ！

ナナホシテントウと
クロオオアリ

テントウムシが　アブラムシを　ねらっている。
アリは　おおきな　あごと、おしりから　だす　どくで、
テントウムシと　たたかう！

ついに　テントウムシを　おいはらった。

アリと、いっしょに　いきる　むしは、
アブラムシの　ほかにも　たくさん　いる。

アリの　すの　なかで
えさを　もらうのは
アリヅカコオロギ。

シロオビアリヅカコオロギと
アシナガキアリ

アリと　おなじ　においを　つけて　アリの　ふりをする。
まえあしで　アリを　さわるのは　おなかが　へった　あいず。

11

アズマオオズアリ

なぞの　ぶったい
はっけん！

いったい　なんだろう？

なぞの　ぶったいは　ゆーっくり　うごく。
そして　アリの　ようちゅうを　たべている！

アリの　ようちゅうが
たべられた　あと。

でも、アリは　まったく　きづいていない。

なぞの　ぶったいは
だんだん
くろくなって……

なにか、
でてきた！

どうも
こんにちは！

でてきたのは、
アリスアブ。

ヒメルリイロアリスアブ

アリスアブは、しゅるいによって
いっしょに　くらす　アリが　ちがう。

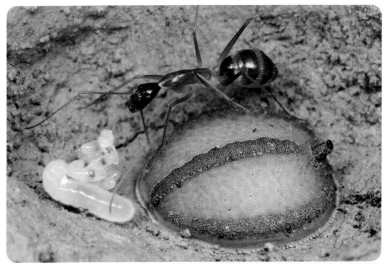

ミナミフタオビアリスアブと
ケブカアメイロオオアリ

アリスアブの　なかまと
クビナガアシナガアリ

トゲアリスアブと
ハヤシクロヤマアリ

つよい　アリの　ぎょうれつに　かくれている　むしも　いる。
どこに　いるか　わかるかな？

ハネカクシの　なかまと
ヨコヅナアリ

18

かくれていたのは
ハネカクシの　なかま。
アリに　まぎれて、
てきから　みを　かくす。

ここに　いるよ！

まえあしを　あげて、
アリを　まつのは、アリダニ。

アリが　とおりかかると……

よいしょ!

アリダニは、アリの
あごに、ぴたっ！

アリダニと　モリシタケアリ

アリが　えさを　うけわたすとき、
すこしだけ　わけてもらう。

オカチョウジ
（アリに きづかれないよう くらす）

クロクサアリと マダラマルハヒロズコガ
（えさの のこりなどを たべる）

クロサアリシミの なかま
（すの なかを すばやく いどうする）

ニシカワクサアリアリヅカムシ
（アリの そばで くらす）

オビカワウンカ
（アリに きづかれないよう くらす）

オキナワアギトアリと アリノスコシビロダンゴムシ
（えさの のこりなどを たべる）

オカメワラジムシ
（アリに　きづかれないよう　くらす）

アリノタカラ
（アリと　たすけあって　くらす）

シワクシケアリと　ハケゲアリノスハネカクシ
（アリから　えさを　もらう）

ちいさな　ちいさな　むしたちが、
それぞれ　いろんな　いきかたで、
ちいさな　アリと　くらしている。

くさむらを　のぞくと
クロオオアリと
アブラムシ、そして
クロシジミの　ようちゅう。

クロオオアリは、
ようちゅうを　みつけると、
じぶんの　すに
つれてかえる。

すの　なかで　クロシジミの　ようちゅうは、あまい　しるを　だし、
かわりに　クロオオアリは、ようちゅうに　えさを　あたえる。

えさを　もらった　ようちゅうは、おおきくなって　ふゆを　こし……

やがて、さなぎを　つくる。そして、なつの　あるひ……

ようちゅうは　チョウになって、
クロオオアリの　すから　とびたつ。

しばらくして　チョウは、
クロオオアリの　すの　ちかくに、
たまごを　うむ。

ようちゅうたちを、アリたちに
そだててもらえるように。

31

アリから えさを もらう むし。
アリを たべる むし。
アリに かくれる むし。
そして、アリと たすけあう むし。

アリは　きょうも　たくさんの　むしたちと　くらしている。

あとがき

物心ついたころから虫や動物に興味があり、さまざまな生き物を飼育・観察してきました。生まれ育った東京都の目黒区は、決して自然がゆたかな場所ではありませんでしたが、近所の公園に行けば、幼い子どもが十分楽しめるだけの生き物と出会うことができました。

小学生のころはまわりにも虫が好きな友だちもいましたが、なぜか年ねん虫への興味がうすれてしまうようで、気がつけば生き物への興味を失わないのは僕だけになってしまいました。

当時は、種類や生き方も多種多様で、こんなにもおもしろい生物に、なぜみなは興味を持たないのかと不思議に思っていました。

中学生のころ、山でムネアカオオアリの女王アリを発見し、自宅に持ち帰って飼育をしました。女王アリは産卵や子育てをして2か月後には10匹ほどの働きアリが羽化しました。

アリが母親である女王アリと、その娘である働きアリで協力してくらす「社会性昆虫」であることは知っていたのですが、こんなにも小さな虫が、一生懸命子育てする姿に心から感動しました。

また、アリの巣を掘っていると、巣の中にアリではない虫が同居していることに気がつきました。一番よく見つかったのはアリヅカコオロギやアリヅカムシなどの昆虫たちです。

この虫たちは、一体アリの巣で何をやっているのか不思議に感じました。それを調べるために、トビイロケアリの巣でくらしていたアリヅカコオロギを持ち帰って飼育をしてみました。すると、アリ同士が口移しでえさを分け与えているあいだに背伸びして割りこんで、えさを盗みとるところを見たのです！ アリの巣の中でこんなことをしていたのかと、とても驚いたのを覚えています。クロシジミがクロオオアリから口移しでえさをもらう場面を初めて見たときの感動も今でも忘れられません。

このような虫たちを、専門的には「好蟻性昆虫」といい、安全なアリの巣でアリから気づかれないようにくらすオカチョウジや、巣にまぎれこんで幼虫を食べてしまうアリスアブ、体にくっついてえさをよこどりするアリダニ、そして巣のなかまとして受けいれられるクロシジミなど、アリとさまざまなかかわりかたをしながらくらしています。

その関係は、人間と家畜とも少し似ているかもしれません。

一体何がどうなってこのような関係ができあがったのか？ どれだけ長い年月がかかったのか？ アリと好蟻性昆虫たちの関係は、想像するだけでもワクワクしてきます。わたしたちの最も身近にいるアリの巣の中では、ずっとずっと昔から、このような関係が続いているのです。

この本を通して、好蟻性昆虫の存在、そして生物のおもしろさが一人でも多くの方に伝えられたら幸いです。

島田たく

たくさんの むしと くらす アリ

* ◆は日本で見られるおおよその場所、◆は働きアリのおおよその大きさ、◇はいっしょにくらすおもなむしをしめしています。

* かげは、実際のアリのおおよその大きさです。

クロオオアリ
街中の公園にも生息している日本最大のアリです。
◆北海道、本州、四国、九州　◆7〜12mm
◇アリヅカコオロギ、クロシジミ

クロヤマアリ
街中や公園などで、もっとも普通に見られます。
◆北海道、本州、四国、九州　◆5〜6mm
◇アカアリヅカエンマムシ、アリヅカコオロギ

クサアリモドキ
公園などで見られます。長い行列をつくります。
◆北海道、本州、四国、九州　◆4〜5mm
◇マダラマルハヒロズコガ、アリダニ

オキナワアギトアリ
太くて長い大あごと毒針をもちます。
◆沖縄本島　◆10mm
◇オビカワウンカ、ホラアナゴキブリ

オオズアリ
体の小さな働きアリと、頭と体の大きな兵隊アリがいます。
◆本州、四国、九州、南西諸島　◆3〜4.5mm
◇ミナミアリヅカコオロギ、ヨナグニオオイトダニ

アシナガキアリ
沖縄では、街中などで見られます。
◆南西諸島、小笠原諸島　◆4mm
◇シロオビアリヅカコオロギ、ヤスデのなかま

トゲアリ
胸部が赤く、つり針のような長いトゲがあります。
◆本州、四国、九州　◆8mm
◇ケンランアリスアブ、マダラマルハヒロズコガ

シロアリは アリの なかま？

シロアリはアリのなかまだと思われることがありますが、実はアリとはまったく別の昆虫です。アリはハチのなかまですが、シロアリはゴキブリに近い生き物です。シロアリもアリと同じく家族でたすけあってくらします。また、アリの巣と同じように、シロアリの巣にもハネカクシやシミなどのむしがくらしています。

アリと くらす むしを さがそう！

❶アリの 行列を 観察しよう

見られるむし　ハネカクシ、アリヅカコオロギ、マダラマルハヒロズコガなど

クサアリのなかまは、巣穴から長い行列をつくります。巣はおもに、公園で太い木の根元につくります。この付近を観察すると、いろいろなアリとくらすむしが見つかります。

クサアリの
行列

❷巣の そばの 石を どかしてみよう

見られるむし　アリヅカムシ、アリヅカコオロギ、アリスアブなど

クロヤマアリなどは石の下に巣をつくることが多くあります。あたたかい日には、たくさんのアリが石の下に集まります。
石をひっくりかえすと、アリたちといっしょに、アリヅカムシ、アリヅカコオロギ、アリスアブ、オカメワラジムシなどが見つかります。

アリの巣

❸草や 木を 見てみよう

見られるむし　アブラムシ、ツノゼミなど

アリは草や木に登って、アブラムシやカイガラムシが出すあまいしるを集めています。
同じようにあまいしるを出す、ツノゼミやムラサキツバメなどが見つかることもあります。

ムラサキツバメとアミメアリ

ふしぎいっぱい写真絵本26

アリとくらすむし ～

発行　2015年4月　第1刷
　　　2016年4月　第2刷

写真・文　島田 たく

協　力　丸山宗利

装丁・デザイン　稲垣結子（ヒロ工房）

発行者　長谷川 均

編　集　江﨑肇　堀 創志郎

発行所　株式会社ポプラ社

〒160-8565　東京都新宿区大京町22-1

電　話　03-3357-2212（営業）　03-3357-2216（編集）

振　替　00140-3-149271

ホームページ　http://www.poplar.co.jp（ポプラ社）

印刷・製本　凸版印刷株式会社
製版ディレクター　十文字義美（凸版印刷株式会社）

©Taku Shimada 2015
ISBN978-4-591-14470-1 N.D.C.486 36P 21cm
Printed in Japan

アリと くらす いきもの

ヒゲカタアリヅカムシ

クサアリの巣の中で、トビムシなどをつかまえて食べます。

ハケゲアリノスハネカクシ

アリから口うつしでえさをもらいます。季節により、すごすアリの巣がちがいます。

アリクイエンマムシ

クサアリの巣の近くで、通りかかったアリをおそって食べます。

ネアカクサアリハネカクシ

クサアリの巣の近くで、アリが見つけたえさや、弱ったアリなどを食べます。

ヒメヒラタアリヤドリ

クサアリの行列といっしょに歩き、アリが運んでいるえさを盗んで食べます。

ムモンアカシジミ

アリたちが守っているアブラムシを食べて育ちます。